W9-CEK-586

Rookie
Español
Geografía

Connecticut

por Susan Evento

Consultora
Donna Loughran
Consultora de lectura

Traductora
Harriet Hamilton

Children's Press®
Una división de Scholastic Inc.
Nueva York   Toronto   Londres   Auckland   Sydney
Ciudad de México   Nueva Delhi   Hong Kong
Danbury, Connecticut

Diseño: Herman Adler Design
Investigadora de fotografías: Caroline Anderson
La foto de la portada muestra una granja lechera en otoño.

Información de Publicación de la Biblioteca del Congreso de los EE.UU.

Evento, Susan.
  [Connecticut. Spanish]
  Connecticut / por Susan Evento; consultora, Donna Loughran;
traductora, Harriet Hamilton.
      p. cm. – (Rookie español geografía)
  Incluye un índice.
  ISBN 0-516-25245-3 (lib. bdg.)   0-516-25046-9 (pbk.)
  1. Connecticut–Literatura juvenil. 2. Connecticut–geografía–Literatura juvenil.
I. Título. II. Rookie español geografía.
  F94.3.E9518 2005
  974.6–dc22
                                      2004020131

¿Sabes en qué estado se hicieron las primeras paletas?

¡En el estado de Connecticut!

¿Puedes encontrar Connecticut en este mapa?

Está en el noreste de los Estados Unidos.

CANADÁ

WASHINGTON

OREGON

IDAHO

MONTANA

DAKOTA
DEL NORTE

MINNESOTA

MICHIGAN

WISCONSIN

WYOMING

DAKOTA
DEL SUR

NEVADA

UTAH

CALIFORNIA

ARIZONA

NUEVO
MÉXICO

COLORADO

NEBRASKA

KANSAS

OKLAHOMA

TEXAS

IOWA

MISSOURI

ILLINOIS

ARKANSAS

MISSISSIPPI

LOUISIANA

INDIANA

OHIO

WEST
VIRGINIA

KENTUCKY

TENNESSEE

ALABAMA

GEORGIA

FLORIDA

NUEVA HAMPSHIRE

VERMONT

MAINE

NUEVA YORK

MASSACHUSETTS

RHODE ISLAND

CONNECTICUT

PENSILVANIA

NUEVA JERSEY

DELAWARE

MARYLAND

Washington, D.C.

VIRGINIA

CAROLINA
DEL NORTE

CAROLINA
DEL SUR

Norte

Oeste

Este

Sur

ALASKA

CANADÁ

MÉXICO

HAWAI

5

Hartford

6

El estado de Connecticut
es el tercer estado más
pequeño de Estados Unidos.

Más de 3 milliones
de personas viven en
Connecticut. Hartford
es la capital.

Connecticut tiene muchos ríos y riachuelos.

El río Connecticut es el río principal. Casi divide el estado a la mitad.

Río Connecticut

La tierra alrededor río
Connecticut es plana.

Hay montañas bajas en
el oeste de Connecticut.
Hay colinas en el este.

Connecticut tiene muchos bosques. Hay nogales americanos, arces, robles y pinos en estos bosques.

Petirrojo

En los bosques viven orioles
y petirrojos. El petirrojo es el
pájaro simbólico del estado.

Connecticut tiene más de 1,000 lagos. Animales como la rata almizclera, la nutria y el visón viven cerca del agua.

Nutrias

Puerto de Mystic

Hay muchas cosas
que puedes hacer en
Connecticut.

Puedes visitar el puerto
de Mystic. Tiene una aldea
que se ve muy antigua.

También hay antiguos
barcos de madera que
puedes abordar.

Al principio los indígenas
de las tribus Algonquin
vivieron en Connecticut.

Luego llegaron exploradores
holandeses. También
vinieron colonizadores
ingleses. Ellos fundaron
el primer pueblo. Se
llamaba Windsor.

Indígenas Algonquin

Una fábrica

Muchas cosas se iniciaron
en Connecticut.

Aquí se fundó la primera
biblioteca municipal.
También el primer periódico.

En Connecticut se fundó
el primer pueblo industrial.

Las fábricas de Connecticut
hacen helicópteros,
submarinos y motores
para aviones de propulsión.

También hacen máquinas,
computadoras y objetos
de plásticos.

Una fábrica de motores para aviones de propulsión

Universidad de Yale

Las escuelas son importantes
en Connecticut.

La Universidad de Yale
es la tercera más antigua
de Estados Unidos.

Cada año muchas personas
visitan Connecticut.

Van en la primavera para
ver florecer los cornejos.
Van en el otoño para ver
cómo cambian de color
las hojas.

Cornejos

Durante el verano juegan en la playa.

¿A ti te gustaría visitar Connecticut algún día?

Palabras que sabes

río Connecticut

cornejos

una fábrica

puerto de Mystic

nutrias

petirrojo

Universidad de Yale

31

Índice

Acerca de la autora

Susan Evento fue maestra. Desde hace 16 años se dedica a escribir y editar libros y materiales para la enseñanza. Recientemente fue directora editorial de *Creative Classroom*, una revista nacional premiada para maestros de Kindergarten hasta octavo. Evento vive actualmente en la ciudad de Nueva York con su pareja y tres gatos.

Créditos fotográficos

Fotografías © 2005; Corbis Images/Robin Prange: cover; Corbis Sygma: 3:McConnell & McNamara/Jack McConell: 6,10,12,16, 20, 23, 30 arriba a la izquierda, 30 abajo, 31 arriba a la izquierda; Minden Pictures/Gerry Ellis: 15, 31 arriba a la derecha; North Wind Picture Archives: 19; Superstock, Inc./Joseph Barnell: 27, 30 arriba a la derecha; The Image Works/ Peter Hvizdak: 24, 28, 31 abajo a la derecha; Visuals Unlimited/Barbara Gerlach:13,31 abajo a la izquierda.

Mapas por Bob Italiano